Schiedssprüche

gegen

zwingendes Recht.

Von

Dr. Alexander Leist,
ordentl. Professor der Rechte an der Universität Gießen.

Berlin, 1900.
Verlag von H. W. Müller.

Sonderabdruck aus der Festgabe der Gießener Juristenfakultät
für Heinrich Dernburg.

I.

Die österreichische Civilprozeßordnung schreibt im § 595 vor, daß ein Schiedsspruch wirkungslos ist, wenn er gegen zwingende Rechtsvorschriften verstößt.[1])

Die deutsche Civilprozeßordnung enthält auch in ihrer neuen Fassung keine ausdrückliche Entscheidung der Frage, ob Schiedssprüche, die gegen zwingende Rechtsvorschriften verstoßen, wirksam sind.

Diese Frage soll im Folgenden besprochen werden.

Daß sie bisher kaum aufgeworfen ist, braucht nicht zu verwundern; sie kann nur in geringem Maße praktisches Interesse beanspruchen, wenn man darunter, wie gebräuchlich ist und bei civilrechtlichen Fragen von Vielen als selbstverständlich betrachtet wird, das Interesse versteht, das aus der Praxis der ordentlichen Gerichte hervorgeht.

Der Grund dafür, daß die ordentlichen Gerichte nicht häufig mit Schiedssprüchen zu thun haben, die gegen zwingende Rechtsvorschriften verstoßen, liegt nicht etwa darin, daß Schiedsverträge und Schiedsgerichte nur eine geringe Rolle spielten.

Wenn der Praktiker W. H. Puchta[2]) für seine Zeit mit Recht

---

1) Schon in der Nürnberger Reformation ist bestimmt, daß ein Schiedsspruch „ohne einige Reduktion" gelten solle, „es wäre dann, daß derselbige Ausspruch wider öffentliche Satzung derer Rechte . . . ergangen wäre".

2) Das Institut der Schiedsrichter nach seinem heutigen Gebrauch und seiner heutigen Brauchbarkeit, Erlangen 1823.

behauptet hat, von dem Institut des Schiedsvertrages werde „so wenig Gebrauch gemacht, daß es beinahe als veraltet erscheint", so ist inzwischen ein bemerkenswerther, aber nicht hinreichend bemerkter[1]) Umschwung eingetreten.

Wer das Material zur Beobachtung und Beurtheilung des heutigen Rechtslebens nicht allein aus der Praxis der ordentlichen Gerichte entnimmt, kann darüber nicht im Zweifel sein, daß das Institut des Schiedsvertrages gegenwärtig in kräftigem Wachsthum steht. Die Bestimmungen der CPO., von denen die Begründung zum Entwurf rühmte, daß sie der Idee und dem Zwecke des schiedsrichterlichen Instituts entsprechend das Verfahren so sehr vereinfachen und so praktisch gestalten, daß dasselbe allen berechtigten Anforderungen zu entsprechen vermöge, haben reiche Frucht getragen. Vor Allem ist von Bedeutung gewesen, daß die CPO. unter Beseitigung der gegensätzlichen Vorschriften oder Zweifel des bisherigen Rechts das antizipirte Kompromiß anerkannt hat. Während noch der Praktiker Pfeiffer bezeugte, daß das große Publikum von der Zulässigkeit und Bedeutung des schiedsrichterlichen Verfahrens keine Kenntniß habe, zeigen jetzt schon die von Bolze zusammengestellten Entscheidungen des Reichsgerichts hinreichend deutlich, welcher mannigfaltige Gebrauch von dem Kompromiß, und zwar vorzugsweise dem antizipirten Kompromiß, in weiten Kreisen gemacht wird. Dort aber, wo schon früher die antizipirte kompromissarische Anordnung Anerkennung gewonnen hatte, nämlich in Gesellschaftsverträgen und Vereinsstatuten,[2]) ist die Entwickelung durch den Umstand gefördert worden, daß das Vereinswesen in der neuesten

---

1) In der 1888 erschienenen Dissertation von Bernh. Mayer über die Vereinbarung schiedsrichterlicher Rechtsstreitentscheidung behauptet der Verfasser unter Berufung auf Puchta und Pfeiffer, von dem schiedsrichterlichen Institut werde in der Praxis im Allgemeinen so wenig Gebrauch gemacht, daß eine reiche praktische Erfahrung sich auf diesem Gebiete wohl Niemand werde sammeln können.

2) Die Begründung zum Entwurf der CPO. von 1874 rechtfertigte die Zulassung des antizipirten Schiedsvertrages mit dem Hinweis auf die große Zahl der landesherrlich bestätigten Statuten von Korporationen und Gesellschaften, worin kompromißarische Anordnungen der bezeichneten Art sich finden.

Zeit eine gewaltige Ausdehnung erfahren hat. Freilich sind zahlreiche Vereinigungen jetzt schon über die kompromissarische Anordnung hinaus dazu fortgeschritten, die Entscheidung von Streitigkeiten innerhalb des Verbandes der Mitgliederversammlung oder dem Vorstand unter Ausschluß des Rechtswegs zu übertragen. Davon wird in anderem Zusammenhang zu reden sein. Immerhin läßt sich auch jetzt noch die Einsetzung von Schiedsgerichten in den Satzungen vieler Versicherungsgesellschaften, Genossenschaften, Berufsvereine, Kartelle und anderer Arbeitgeberverbände nachweisen. Sind aber die Angehörigen einer Vereinigung in ihren Beziehungen zu dieser einem Vereinsschiedsgericht unterstellt, so liegt es nahe, daß sie auch bei Geschäften untereinander auf dieses Schiedsgericht kompromittiren. Bekannt ist, daß die Börsen und börsenähnlichen Vereinigungen besondere Schiedsgerichte zur Entscheidung von Streitigkeiten über Börsengeschäfte eingesetzt haben und daß an vielen Orten die Schlußscheinformulare die Kompromißklausel enthalten.[1]) Wie in früheren Jahrhunderten tritt in den Kreisen, die sich ein ständiges Sondergericht geschaffen haben, zuweilen das Bestreben hervor, auch Fremde vor dieses Gericht zu ziehen. Die Reichsgesetzgebung hat sich bereits veranlaßt gesehen, dem Gebrauch, auch in Börsengeschäften mit outsiders das Kompromiß auf das Börsenschiedsgericht aufzunehmen, entgegenzutreten; das Börsengesetz schreibt in § 28 vor, daß antizipirte Kompromisse auf das Börsenschiedsgericht nur verbindlich sind, wenn beide Theile Kaufleute oder für den betreffenden Geschäftszweig in das Börsenregister eingetragen sind. Allein der Werth dieser Bestimmung ist fragwürdig, wenn es zulässig bleibt, die Besetzung des Schiedsgerichts einem der Börse nahestehenden Dritten zu übertragen;[2]) denn daß ein Externer, der sich auf eine solche Kompromißklausel nicht einlassen wollte, überhaupt keinen Kontrakt finden könnte, unterliegt hinsichtlich der Börsen mit fester Organisation keinem

---

1) Vgl. auch über die Schiedsgerichte in der Tarifgemeinschaft der Buchdrucker Kulemann, Gewerkschaftsbewegung S. 630 f.

2) Vgl. Bondi in Monatsschr. f. Handelsr. u. Bankwesen VI (1897).

Zweifel. Welche durch die wirthschaftliche Uebermacht des einen Theils dem anderen Theil aufgenöthigte Kompromisse uns die Zukunft bringen kann, mag folgende Beobachtung aus Oesterreich [1]) zeigen: „Die betreffende Unternehmervereinigung verpflichtet ihre Mitglieder unter strengen Ordnungsstrafen, die betreffende Waare inländischer Provenienz nur von solchen Parteien zu kaufen, bezw. nur an solche Parteien zu verkaufen, die sich bei Abschluß des Geschäfts nebst einer Reihe anderer Bedingungen der Provozirung des Schiedsgerichts der Wiener Börse (Waarensektion) für alle aus dem Geschäft entstehenden Streitigkeiten unterwerfen. Wie aus einem an alle Mitglieder des Verbandes gerichteten Zirkulare zu entnehmen ist, hat dasselbe (?) zur Kontrolle der Einhaltung dieses Schlußbrief-Uebereinkommens einen besonderen Ueberwachungsausschuß eingesetzt, der von der Verhängung der erwähnten Ordnungsstrafen nur in dem Falle absehen darf, als ihm der Verkäufer der betreffenden Waare bei rückgängiger Tendenz innerhalb vier Wochen vom Geschäftsabschluß brieflich anzeigt, daß trotz mindestens zweimaliger schriftlicher Mahnung der unterzeichnete Gegenschlußbrief vom Käufer nicht zu erlangen war. Aber auch beim Vorhandensein solcher Umstände erwartet der Vorstand, daß von dem Verzichte auf den Gegenschlußbrief nur in den äußersten Fällen Gebrauch gemacht wird. . . Sofern also dieses Uebereinkommen von den Mitgliedern des Verbandes respektirt wird — und die Leitung des letzteren scheint alles gethan zu haben, um dieses Ziel zu erreichen — kann ein Konsument des betreffenden Halbfabrikats diesen Artikel lediglich dann beziehen, wenn er für alle aus dem betreffenden Geschäfte entstehenden Differenzen die Kompetenz des Schiedsgerichts der Wiener Waarenbörse anerkennt. Will er sich dieser Bedingung nicht fügen, so wird er das gedachte Produkt, das er zum Betrieb seines Gewerbes unumgänglich nöthig hat, vergeblich zu erhalten suchen, selbst wenn er dafür den höchsten Marktpreis und noch mehr zu bieten geneigt ist. Es läßt sich nicht

1) Als „autoritative Darstellung" angeführt in Beil. zu d. sten. Protokollen über die Sitzungen des (österr.) Herrenhauses 1894/95 Nr. 460.

verkennen, daß ein derartiges Verhältniß für den Konsumenten eine Zwangslage schafft, durch die er faktisch einer von ihm nicht gewollten Gerichtszuständigkeit unterworfen und seinem ordentlichen Richter entzogen wird. — Es ergiebt sich sohin die Beobachtung, daß die Dank der positiven Gesetzgebung schrankenlose Vertragsfreiheit auf der einen Seite einer organisirten Interessengruppe für den Kompaciscenten der Gegenseite eine wesentliche Einschränkung der Vertragsfreiheit zur Folge hat — eine Konsequenz, wie sie sämmtlichen Verabredungen wirthschaftlicher Klassenorganisationen eigen ist."[1]) Es wäre nicht verwunderlich, wenn in Zukunft auch Schiedsverträge des Handlungsgehülfen mit seinem Prinzipal auf einen anderen Kaufmann, des Schauspielers mit seinem Direktor auf einen Vertrauensmann des letzteren, des Miethers mit dem Vermiether auf ein Komitee des Hausbesitzervereins und dergl. sich mehrten.[2])

Der Grund dafür, daß die ordentlichen Gerichte selten vor die Frage gestellt werden, ob Schiedssprüche gegen zwingendes Recht giltig und mit dem Vollstreckungsurtheil zu versehen sind, liegt auch nicht darin, daß die Schiedsgerichte keine Gelegenheit oder Veranlassung fänden, bei ihren Entscheidungen zwingende Rechtsvorschriften bei Seite zu schieben.

Wenn in der „Satzung" einer Unternehmerkoalition die Verletzung der von den Mitgliedern übernommenen Verpflichtung, sich

1) Um solchen Mißständen zu begegnen, ist nunmehr in Art. 33 des österr. Einf.Ges. zur CPO. folgende Vorschrift eingestellt: „Ein Erkenntniß des Börsenschiedsgerichts kann mittels Nichtigkeitsbeschwerde angefochten werden: 1) wenn der Schiedsvertrag ungiltig ist; ein Schiedsvertrag ist insbesondere ungiltig, wenn der Beschwerdeführer denselben mit Rücksicht auf die von Mitgliedern eines Unternehmerverbandes (Kartell) getroffene Verabredung eingegangen ist, wonach für seine gewerbliche Produktion erforderliche Stoffe, Werkzeuge oder sonstige Hülfsmittel im inländischen Verkehr nur unter der Bedingung veräußert werden sollen, daß sich der Käufer in Ansehung der aus dem Geschäfte entspringenden Streitigkeiten einem Börsenschiedsgerichte unterwerfe; auf die Geltendmachung dieser Ungiltigkeit kann vor Beginn der schiedsrichterlichen Verhandlung nicht verzichtet werden." Eine verwandte Bestimmung ist im Art. 30 des Einf.Ges. zur Exekutionsordnung getroffen.

2) Vgl. Entscheid. d. Reichsger. Bd. 14 S. 258.

an einer durch die Majorität verhängten Aussperrung zu betheiligen, durch hohe Vertragsstrafen bedroht wird, so werden die Betheiligten schwerlich darüber im Zweifel sein, daß die Zahlung der Strafe wegen der Vorschrift des § 152 der Gewerbe-Ordnung [1]) nicht mit Hülfe eines ordentlichen Gerichts erzwungen werden könnte. Dennoch sind solche Strafversprechen nicht wirkungslos, weil sie — sofern nicht die Auferlegung der Strafe einfach einem Verbandsorgan übertragen ist [2]) — mit der Kompromißklausel versehen sind. Wollte ein der Aussperrung widerstrebendes Mitglied es auf den Schiedsspruch ankommen lassen, so würde es wenig Aussicht haben, von der Zahlung der Vertragsstrafe freigesprochen zu werden. [3])

In Oesterreich blüht das Kartellwesen, obwohl ein Gesetz vom 7. April 1870 alle Verabredungen von Gewerbsleuten zu dem Zwecke, den Preis einer Waare zum Nachtheil des Publikums zu erhöhen, für ungiltig erklärt. Zur Erklärung dieser Erscheinung

---

1) Jetzt in Verbindung mit BGB. § 344; vgl. Entscheid. d. Reichsger. Bd. 38 S. 160.

2) Vgl. z. B. betr. den Arbeitgeberverband des Maurer- und Zimmergewerbes in Magdeburg Kulemann, Gewerkschaftsbewegung S. 573 f.: „Zur Sicherheit für bedingungslose Durchführung der gefaßten Beschlüsse hat jedes Mitglied 3% der anrechnungsfähigen Löhne, mindestens jedoch 500 M. in Sichtwechseln oder in mündelsicheren Papieren zu hinterlegen und anzuerkennen, daß unter Ausschluß des Rechtsweges diese Sicherheit dem Verbande zu Eigenthum verfallen ist, sofern in der Verbandsversammlung mit Dreiviertel-Mehrheit ein Verstoß gegen die Satzungen festgestellt ist."

3) Soziale Praxis IX 149 f.: „In diesem Frühjahr beschloß eine Versammlung der Zehdenicker Maurer- und Zimmermeister, die Forderung der Arbeiter: zehnstündige Arbeitszeit und 35 Pfg. Stundenlohn, nicht zu bewilligen. Gleichzeitig setzte die Versammlung fest, daß Jeder, der gegen diesen Beschluß verstoße, eine vom Innungsschiedsgericht festzusetzende Strafe von 300—500 M. zu erlegen habe. In Folge dieses Beschlusses kam es zum Streik. Bald darauf traten zwei Unternehmer, Maurermeister B. und Zimmermeister T., von den mit ihren Kollegen getroffenen Vereinbarungen zurück und bewilligten die Forderungen der Streikenden . . . Weiter aber wurden die Unternehmer B. und T., weil sie die Forderungen der Arbeiter bewilligt hatten, vom Innungsschiedsgericht zu 500 M. Geldstrafe verurtheilt."

trägt bei,[1]) daß die Kartellverträge durchweg außer der Festsetzung hoher Konventionalstrafen die Schiedsgerichtsklausel enthalten. Diese Anordnungen wären zwecklos, wenn die Betheiligten es nicht als sicher betrachteten, daß die Schiedsgerichte zur Zahlung der Strafen ohne Rücksicht auf die aus zwingenden Rechtsvorschriften hervorgehende Unverbindlichkeit der Strafversprechen verurtheilen würden. So lange Schiedssprüche wider zwingendes Recht Geltung haben, würde es wenig ausmachen, wenn etwa die Jurisprudenz in Deutschland dazu gelangte, gewisse Kartellvereinbarungen als gegen die guten Sitten verstoßend für nichtig zu erklären.

Die Klagen aus Termingeschäften und verwandten Verträgen scheitern vor den ordentlichen Gerichten in Oesterreich wie in Deutschland vielfach an dem Einwand des Differenzgeschäfts. Wird dagegen die Klage vor einem Schiedsgericht erhoben, das von Mitgliedern der Börse oder Angehörigen der ihr nahestehenden Kreise gebildet wird, so hat jener Hinweis auf die gesetzlichen Bestimmungen gegen die Differenzgeschäfte wenig Aussicht auf Erfolg. Die Börsenschiedsgerichte brauchen sich nicht einmal zu den gesetzlichen Vorschriften über Spielverträge oder Differenzgeschäfte in Widerspruch zu setzen, um zur Verurtheilung von Beklagten zu gelangen, die vor ordentlichen Gerichten alle Aussicht hätten, mit dem Einwand des Differenzgeschäfts durchzudringen. Sie erreichen das gewünschte Ziel vielmehr, ohne sich dem gefährlichen Vorwurf der Gesetzesverletzung auszusetzen, einfach dadurch, daß sie es mit dem Beweis der Umstände, die nach dem Gesetz einem Börsengeschäft den Charakter des Spiels verleihen, genauer nehmen als die ordentlichen Gerichte.[2]) Wenn Schiedsgerichte, die aus Mit-

---

1) Vgl. Grünberg, Der österr. Kartellgesetzentwurf in Schmoller's Jahrb. 21 (1897) S. 1348; Steinbach, Rechtsgeschäfte der wirthschaftlichen Organisation S. 174; der Verfasser (Senatspräsident beim Obersten Gerichts- und Kassationshof) bezeugt, daß ihm ein Erkenntniß über die Anwendung der bezeichneten Vorschrift auf Kartelle noch nicht bekannt geworden ist.

2) Deshalb konnte A. v. Lindheim (Präsident des Schiedsrichter-Kollegiums der Wiener Börse, Waarensektion) in seinem Buch „Das Schiedsgericht im modernen Civilprozesse" (3. Aufl. Wien 1894) S. 109 mit einer gewissen

gliedern der Börse oder der ihr nahestehenden Kreise zusammengesetzt sind, nicht bloß über die Wirkungen giltiger Geschäfte, sondern auch über die Giltigkeit der Geschäfte maßgeblich zu entscheiden haben, so können alle gegen das Börsenspiel gerichteten Gesetzesvorschriften mit Hülfe einer strengen Beweiswürdigung illusorisch gemacht werden.[1])

So würde auch ein aus Kaufleuten zusammengesetztes Schieds-

Berechtigung die „landläufige Ansicht", daß das Börsenschiedsgericht vom Staat aus öffentlichen Rücksichten verbotene Geschäfte für giltig erkläre und sich damit als über den Gesetzen stehend betrachte, als unwahr bezeichnen. Als einmal ein Beklagter vor dem Schiedsgericht der Wiener Waaren-Börse den Einwand des Spiels erhob, hat das Schiedsgericht keineswegs die Unklagbarkeit von Spielgeschäften in Abrede gestellt, sondern es hat die Verurtheilung des Beklagten durch folgende Erwägung gerechtfertigt: „Es mag immerhin die Möglichkeit nicht ausgeschlossen sein, daß der Beklagte wirklich von Anbeginn an nicht die Absicht hatte, die Waare effektiv zu beziehen, allein daraus geht noch nicht hervor, daß auch der Kläger die Absicht hatte, die Waare nicht effektiv zu liefern. Was der Geklagte gedacht oder geplant hat, ist irrelevant; maßgebend ist nur, was er in seinem Geschäftsverkehr mit dem Kläger deutlich zum Ausdruck gebracht hat, und liegt gar kein Grund vor, zu vermuthen, daß der Kläger, eine anerkannt große Kaffee- und Zuckerfirma, nicht die Absicht gehabt habe" u. s. w. (Entscheidung vom 1. Oktober 1896 in Nathan Rechtnitz, Praxis der Wiener Schiedsgerichte, 1897, S. 92).

1) Der von dem Wiener Schiedsgericht eingeschlagene, in der vorigen Anmerkung bezeichnete Ausweg ist allerdings für deutsche Schiedsgerichte jetzt durch BGB. § 764 versperrt. Aber die hier erforderte Absicht, daß der Unterschied zwischen dem vereinbarten Preise und dem Börsen- oder Marktpreise der Lieferungszeit von dem verlierenden Theile an den gewinnenden gezahlt werden soll, wird einem Schiedsgericht von Börsenkaufleuten kaum je ausreichend bewiesen werden können. Ich halte auch jetzt daran fest, daß sicher beweisbare Merkmale für die Unterscheidung von „Differenzgeschäften" und „reellen Kaufverträgen" nicht angegeben werden können (vgl. neben zahlreichen Darlegungen Anderer meinen Aufsatz in Jahrb. f. Nationalök. u. Statistik 3. Folge 1. Bd.) und meine, daß man auch unter der Herrschaft des neuen Rechts auf dem von mir im Archiv. f. d. civil. Praxis 83 S. 153 f. angegebenen Wege besser zum Ziel gelangen würde. Nach dem neuen Recht ist zwar die Rücktrittsbefugniß beim Fixgeschäft vom Verzug unabhängig, für den Anspruch auf die Differenz bleibt dagegen der Verzug Voraussetzung (HGB. § 376, vgl. BGB. §§ 361, 326, 285). Da indessen der von mir bezeichnete Weg keine Aussicht auf Beachtung in der Praxis zu haben scheint, wird im Folgenden nur auf das herrschende Dogma vom „Differenzgeschäft" Rücksicht genommen.

gericht schwerlich in einem Streit zwischen einem Handlungsgehülfen und seinem Prinzipal den Vorschriften in HGB. §§ 62, 71, 74 offen den Gehorsam verweigern; aber es würde sich vermuthlich schwerer als ein ordentliches Gericht dazu entschließen, die in jenen Vorschriften bezeichneten Voraussetzungen als zu Gunsten des Handlungsgehülfen eingetreten anzuerkennen. Ein aus Mitgliedern eines Hausbesitzervereins gebildetes Schiedsgericht würde sich voraussichtlich hüten, bei der Entscheidung eines Streites zwischen Miether und Vermiether den § 544 des BGB. für unbeachtlich zu erklären; aber es würde nicht leicht den Beweis für geführt erachten, daß die Benutzung der Wohnung mit einer erheblichen Gefährdung der Gesundheit verbunden ist.

Es unterliegt danach keinem Zweifel, daß die Schiedsgerichte gerade auf den Gebieten, auf denen sie eine für die Volkswirthschaft und das soziale Leben bedeutsame Rolle zu spielen angefangen haben, vielfach Veranlassung finden, zwingende Rechtsvorschriften zu verletzen oder illusorisch zu machen.

Unter diesen Umständen mag es verwunderlich erscheinen, daß die ordentlichen Gerichte nicht häufig vor die Frage gestellt werden, ob Schiedssprüche, die zwingende Rechtsvorschriften verletzen oder illusorisch machen, giltig sind. Denn die Verurtheilung eines Kartellmitglieds durch das Kartellschiedsgericht kann ja nur mit Hülfe eines ordentlichen Gerichts vollstreckbar werden. Ebenso kann die schiedsgerichtliche Verurtheilung zur Zahlung der Differenz nur mittels eines von dem ordentlichen Gericht erlassenen Vollstreckungsurtheils zur Zwangsvollstreckung führen.[1]) Man könnte meinen,

---

1) Dem „denkfaulen" Gebrauch österreichischer Gerichte, die Exekution von Börsenschiedssprüchen auf einfaches „diensthöfliches Ersuchen" der Schiedsgerichts-Obmänner ins Werk zu setzen, „ohne sich darum zu kümmern, ob der Exequendus der Börse angehöre oder ob er sich durch Kompromiß dem Börsenschiedsgericht unterworfen habe, ob er geklagt oder verurtheilt wurde und ob ihm ein Urtheil überhaupt mitgetheilt wurde" (Geller, Ueber die passive Kompromißfähigkeit der Börsenschiedsgerichte, ein Kapitel über rechtsirrthümliche und rechtsunwirksame Gesetze, im Oesterr. Centralblatt f. d. jurist. Praxis XV, 1898) tritt nunmehr die Vorschrift in Art. 13 des (österr.) Einf.Ges. zur CPO. entgegen: ferner ver-

daß die Staatsgerichte bei den durch die Klage auf Erlaß des Vollstreckungsurtheils veranlaßten Verhandlungen häufig zu der Frage hätten Stellung nehmen müssen, ob die Zwangsvollstreckung aus Schiedssprüchen zuzulassen ist, die zwingende Rechtsvorschriften bei Seite schieben.

Allein man muß bedenken, daß manche Vereinigungen ihren Mitgliedern sehr gewichtige Vortheile zu bieten vermögen, und daß ein Mitglied, das einem Vereinsbeschluß oder der Entscheidung des Vereinsschiedsgerichts den Gehorsam verweigern wollte, die Ausschließung aus der Gemeinschaft oder doch wenigstens von gewissen durch sie gebotenen Vortheilen [1]) befürchten müßte. Die Unternehmerverbände und Kartelle pflegen außerdem für die Vollstreckung der Strafen in der Weise Vorsorge zu treffen, daß sie sich von den Mitgliedern durch Hinterlegung von Wechseln oder anderen Werthpapieren Sicherheit leisten lassen. [2]) Der Gedanke, die auf Grund eines Vereinsbeschlusses oder eines Schiedsspruches eingezogene Kaution vor dem ordentlichen Richter zurückzuverlangen, weil das

---

lieren die Börsenschiedsgerichte die ihnen durch staatlich genehmigte Statuten eingeräumte Befugniß, die Exekution ihrer Schiedssprüche zu bewilligen.

1) Vgl. z. B. Zahn in Schriften d. Vereins für Sozialpolitik 65 S. 445: die Entscheidungen über Tarifstreitigkeiten innerhalb der Buchdrucker-Tarifgemeinschaft seien auf dem Rechtsweg nicht exequirbar, aber es bestehe ein ausreichender „moralischer Druck". „Einen weiteren Ersatz für die fehlende Exequirbarkeit hat sich das Schiedsgericht in der Errichtung eines Arbeitsnachweises zu schaffen gesucht. Dieser Arbeitsnachweis darf nämlich . . benutzt werden . . nur von solchen Prinzipalen und Gehülfen, welche sich den Entscheidungen des Schiedsgerichts unterwerfen." Eine rechtsgeschichtliche Parallele bietet z. B. die Odenseer Skra bei Pappenheim, Altdänische Schutzgilden S. 337.

2) Vgl. z. B. die oben S. 8 Anm. 2 angeführte Mittheilung und das Uebereinkommen der Brünner Tüchelfabrikanten in Schriften des Vereins für Sozialpolitik 61 S. 437 ff.: „Sollte die Zahlung des mittelst Urtheils des Schiedsgerichts ausgesprochenen Schadensersatzbetrages sammt Kosten binnen 14 Tagen nicht erfolgen, so sind Kläger berechtigt, entweder das schiedsgerichtliche Urtheil zur gerichtlichen Exekution zu bringen oder aber die Bezahlung des zugesprochenen Betrages aus der Kaution zu verlangen." Der Advokat Dr. L. Frankl, der zugleich als Vollzugsorgan der Vereinigung und als Schiedsrichter bestellt wird, „wird sohin unwiderruflich berechtigt sein", den Betrag aus der Kaution zu entnehmen.

Strafversprechen nichtig war, liegt den Betroffenen fern. Aber auch wenn sie daran dächten, würden sie davon in der Erwägung Abstand nehmen, daß gegenüber solchem Vorgehen der Verein sich schwerlich mit der Ausstoßung begnügen würde. Wie schwer Vereinigungen verschiedener Art renitente Mitglieder durch wirthschaftlichen Boykott und soziale Aechtung zu schädigen vermögen, läßt sich schon jetzt aus zahlreichen Beobachtungen entnehmen.[1]) Wenn ein Börsenexterner die Differenz, zu deren Zahlung er durch das Börsenschiedsgericht verurtheilt ist, nicht „freiwillig" bezahlt, sondern an der Behauptung, daß ein Differenzgeschäft vorliege, festhält, so droht ihm, abgesehen von der Vollstreckung des Schiedsspruchs, kein anderes Uebel, als daß er für weitere Geschäfte schwerlich einen Kommissionär finden wird. Der Börsenangehörige aber würde in gleichem Falle sich nach einem neuen Beruf umsehen müssen; denn die Bestimmung des Börsengesetzes, daß vom Börsenbesuch ausgeschlossen ist, wer sich im Zustande der Zahlungsunfähigkeit befindet, wird z. B. in der Berliner Börsenordnung durch die Vorschrift ergänzt: der Zustand der Zahlungsunfähigkeit gilt bei einem Börsenbesucher bereits dann als eingetreten, wenn er . . . eine liquide und fällige Schuldverbindlichkeit unberücksichtigt gelassen hat.[2])

Der Grund dafür, daß die ordentlichen Gerichte selten mit Schiedssprüchen wider zwingendes Recht zu thun haben, liegt also darin, daß solche Schiedssprüche gegenwärtig vorzugsweise von Vereinsschiedsgerichten ausgehen. Richten sich diese Schiedssprüche gegen Mitglieder der Vereinigung, so reicht regelmäßig die Macht der Vereinigung aus, ihre Durchführung zu sichern. Wenn ausnahmsweise die Macht der Vereinigung dazu nicht genügt, so wird von der Klage auf Erlaß des Vollstreckungsurtheils regelmäßig doch deshalb Abstand genommen werden, weil durch einen solchen Beweis der Ohnmacht der Verein seine Existenz gefährden würde. Andererseits wird eine mächtige Vereinigung zuweilen auch zur Ver-

---

1) Vgl. Rothnagel, Exekution durch soziale Interessengruppen (1899).
2) Rothnagel a. a. O. S. 119.

wirklichung eines Schiedsspruchs gegenüber einer außerhalb der Vereinigung stehenden Person der Hülfe ordentlicher Gerichte nicht bedürfen. Der Konsument, der von dem Schiedsgericht eines kraftvollen Kartells gegenüber einem Kartellmitglied verurtheilt ist, wird sich selbst einem gegen zwingende Rechtsgrundsätze verstoßenden Schiedsspruch fügen müssen, wenn er die kartellirten Stoffe oder Erzeugnisse nicht entbehren kann.[1])

Die Frage, ob Schiedssprüche wider zwingendes Recht wirksam sind, ist also in der Hauptsache ohne Interesse für den praktischen Juristen. Thatsächlich sind solche Schiedssprüche wirksam; ob sie auch rechtlich wirksam sind, braucht er nicht zu beantworten, wenn er nicht danach gefragt wird.

Ein geringes Maß von praktischem Interesse wird freilich auch der praktische Jurist unserer Frage doch nicht absprechen können. Wie schon oben bemerkt, reicht die Macht der Börse nicht aus, die Zahlung der durch Urtheil des Schiedsgerichts zuerkannten Differenz von einem outsider zu bewirken, der bereits entschlossen ist, sich vom Börsenspiel zurückzuziehen. Es kommt sogar vor, daß eine mit schweren Differenzschulden belastete Börsenfirma in dem Verlust der Börsenkarte das kleinere Uebel sieht. In solchen Fällen sind öfter Klagen auf Erlaß des Vollstreckungsurtheils bei ordentlichen Gerichten erhoben und diese zur Beantwortung der Frage genöthigt worden, ob Schiedssprüche, die gegen die zwingenden Vorschriften über die Unverbindlichkeit von Differenzgeschäften verstoßen, zur Zwangsvollstreckung zuzulassen sind.

Abgesehen hiervon wird man unserer Frage wenigstens ein theoretisches Interesse zugestehen müssen. Kann einem Geschäft, das nach zwingenden Gesetzesvorschriften nichtig oder unverbindlich ist, dadurch Wirksamkeit verschafft werden, daß die Kompromißklausel hinzugefügt wird, so darf dies bei der Begriffsbestimmung des zwingenden Rechts nicht, wie bisher geschehen ist, unbeachtet gelassen werden.

---

1) Vgl. auch über die „schwarzen Listen“ in Hausbesitzervereinen Rothnagel a. a. O. S. 109.

Im Folgenden soll unter II erörtert werden, ob die in Deutschland seit dem 1. Januar 1900 geltenden Gesetze die staatlichen Gerichte anweisen, Schiedssprüchen wider zwingendes Recht die Anerkennung zu versagen. Unter III soll besprochen werden, ob die Gesetze den Staatsgerichten wenigstens gestatten, die Anerkennung und Vollstreckung solcher Schiedssprüche abzulehnen.

II.

1. Im Gegensatz zu Bestimmungen des bisherigen Rechts[1]) verzichtet die CPO. absichtlich auf die Forderung, daß die Schiedsrichter, sofern der Schiedsvertrag nichts Anderes bestimmt, nach dem bürgerlichen Recht zu entscheiden haben. „Die Parteien, indem sie auf die Entscheidung eines Schiedsgerichts kompromittiren, wollen den Schwierigkeiten und Verwickelungen entgehen, welche sich aus der Anwendung des positiven Rechts ergeben: sie wollen, daß unter ihnen Rechtens sei, was die Schiedsrichter nach ihrer gewissenhaften Ueberzeugung — ex aequo et bono — bestimmen werden. Sie werden daher regelmäßig die Schiedsrichter als die gütlichen Vermittler ihres Streites — comme amiables compositeurs wie der belgische Entwurf sich ausdrückt — betrachten und sie müssen diese Anschauung haben, wenn sie mit dem Schiedsrichteramt Personen betrauen, welche der Rechte nicht kundig sind. Der Zweck des Schiedsvertrages wird somit regelmäßig nur erreicht, wenn die Schiedsrichter nicht verpflichtet werden, sich bei ihrem Spruche nach den Bestimmungen des bürgerlichen Rechts zu richten.“[2]) Eine Ausnahme zu Gunsten aller oder gewisser Vorschriften zwingenden Rechts wird weder in deu Motiven noch im Gesetz angedeutet.

Ob dennoch aus dem „Begriff“ des zwingenden Rechts abgeleitet werden darf, daß zwingende Rechtsvorschriften, insbesondere Verbotsgesetze, auch für Schiedsrichter maßgebend sind,[3]) ist prak-

---

1) Insbes. Code de proc. 1019, preuß. AGO. I, 2 § 171; vgl. für das gemeine Recht Glück VI S. 99, Sintenis II § 107 Anm. 133.

2) Begr. zu § 801 des Entw. von 1874. Vgl. jedoch StrGB. § 336.

3) Es ist eigenthümlich, daß diese Meinung gerade von dem Vorsitzenden eines Börsenschiedsgerichts vertreten ist. A. v. Lindheim sagt in seinem oben

tisch bedeutungslos, wenn höchstens eine lex imperfecta herausgestellt werden kann. Es fragt sich, ob der Staat dafür gesorgt hat, daß die gegen seine zwingenden Vorschriften verstoßenden Schiedssprüche nicht zur Wirksamkeit gelangen.

In dieser Hinsicht kommt nur in Betracht, daß zur Vollstreckung eines Schiedsspruchs ein Vollstreckungsurtheil erforderlich ist und daß auf Aufhebung eines Schiedsspruchs geklagt werden kann.[1])

2. Einem gegen zwingende Rechtsvorschriften verstoßenden Schiedsspruch kann nach CPO. § 1041 Ziff. 2 und § 1042 Abs. 2 die Vollstreckung versagt und seine Aufhebung kann erwirkt werden, wenn er eine Partei zu einer Handlung verurtheilt, deren Vornahme verboten ist. Die praktische Bedeutung dieser Vorschrift ist, wenn man sich an den Wortlaut hält, nicht erheblich.[2]) Ob man auf dem Boden des Gesetzes bleibt, wenn man den verbotenen auch die rechtlich oder physisch unmöglichen oder auch die gegen die guten

---

S. 9 Anm. 2 angeführten Buch S. 28: „Ja es scheint sogar recht fraglich, ob es überhaupt angezeigt ist, die Zulässigkeit von solchen Schiedsgerichten, welche von allen materiellrechtlichen Schranken frei gemacht werden, zu statuiren. Denn es ist nicht zu übersehen, daß der Staat hierdurch seinen Unterthanen ein Mittel in die Hand gibt, wodurch sie alle seine aus öffentlichrechtlichen Rücksichten getroffenen zwingenden Bestimmungen, die sonst durch Parteienabmachungen nicht abgeändert werden dürfen, illusorisch machen können, denn sie brauchen nur bei Eingehung des Geschäfts zu vereinbaren, daß die Entscheidung der sich etwa ergebenden Streitigkeiten vor das Forum von Schiedsrichtern zu bringen sei, welche von der Beobachtung aller gesetzlichen Normen entbunden sind. Der Staat geriethe somit mit sich selbst in Widerspruch, wenn er einerseits Bestimmungen träfe über Nichtigkeit gewisser Vereinbarungen aus öffentlichen Rücksichten und dennoch Schiedssprüche sanktioniren wollte, die nur dazu bestimmt wären, jene Bestimmungen zu umgehen."

1) Ob der Schiedsspruch erst durch die Hinterlegung bei Gericht giltig wird, wie u. A. das Reichsgericht in dem Urtheil I 382/87 vom 11. Februar 1888 (Bolze V, 1407) annimmt, ist ohne erhebliche praktische Bedeutung.

2) Sie könnte z. B. zur Anwendung kommen, wenn eine Aktiengesellschaft zur Erfüllung eines Kaufvertrags über eigene Aktien verurtheilt wäre; vgl. den Fall bei Bolze XIV, 637.

Sitten verstoßenden Handlungen zurechnet,[1]) ist mindestens zweifelhaft. Von großer Wichtigkeit wäre es, wenn unter den Handlungen, deren Vornahme verboten ist, auch die Handlungen verstanden werden dürften, deren Vornahme zu erzwingen verboten ist.[2]) Allerdings wollten die Verfasser des Entwurfs der CPO. bei der fraglichen Vorschrift die entsprechende Bestimmung über die Unzulässigkeit des Vollstreckungsurtheils zu Gunsten des Urtheils eines ausländischen Gerichts zur Richtschnur nehmen,[3]) und als jene Bestimmung durch die Justizkommission des Reichstags dahin umgewandelt wurde, daß das Vollstreckungsurtheil zu Gunsten des ausländischen Urtheils nicht zu erlassen ist, wenn durch die Vollstreckung eine Handlung erzwungen werden würde, die nach dem deutschen Recht nicht erzwungen werden darf,[4]) ist allem Anschein nach vergessen worden, eine gleiche Veränderung in der Vorschrift über die Schiedssprüche folgen zu lassen. Wenn man glaubte, dies nachholen zu sollen, so stehen dem nicht allein die allgemeinen Bedenken hinsichtlich der Maßgeblichkeit des im Gesetz nicht ausgesprochenen gesetzgeberischen Willens,[5]) sondern auch besondere Schwierigkeiten entgegen; „der Gesetzgeber" hat eben niemals in der Vorschrift über die Schiedssprüche von Handlungen, die nicht erzwungen werden dürfen, sprechen wollen, sondern er würde dies nur wahrscheinlich gewollt haben, wenn er umsichtiger gewesen wäre. Nunmehr kommt hinzu, daß in der neuen CPO. die bisher in § 661 Abs. 2 Ziff. 2 enthaltene Bestimmung fortgefallen ist; statt dessen ist vorgeschrieben, daß ein ausländisches Urtheil nicht anerkannt werden darf und das Vollstreckungsurtheil ihm zu versagen ist, wenn die Anerkennung des Urtheils gegen die guten Sitten oder gegen den Zweck eines deutschen Gesetzes ver-

---

1) Vgl. Dernburg, Preuß. Privatr I, § 144, Zitelmann, Rechtsgeschäfte S. 65.

2) So die Kommentare von Struckmann-Koch und Gaupp-Stein, sowie Kohler in Beiträgen z. Erläut. d. R. 31 S. 502 und in Gesamm. Abh. Civilprozeß S. 202 f. Dagegen z. B. Wilmowski-Levy.

3) Begr. zu §§ 807, 808 des Entw. S. 479.

4) CPO. von 1877 § 661 [2] Ziff. 2.

5) Wach, Hdb. I S. 254 f

stoßen würde. Der § 1041 verordnet dagegen ebenso wie der bisherige § 867, daß die Aufhebung des Schiedsspruchs beantragt werden kann, wenn der Schiedsspruch eine Partei zu einer Handlung verurtheilt, deren Vornahme verboten ist. Es geht nicht an, aus einer beseitigten Vorschrift der früheren CPO. etwas in den § 1041 der neuen CPO. hineinzutragen. Es ist aber auch für diejenigen, welche sich mit dem Willen des Gesetzgebers helfen möchten, nicht möglich, den § 1041 mit Hülfe der neuen Bestimmungen in § 723 Abs. 2 und § 328 Ziff. 4 auszulegen. Denn der Gesetzgeber wollte offenbar die Vorschriften über die Wirksamkeit ausländischer Urtheile verbessern, dagegen bezüglich der Wirksamkeit der Schiedssprüche die bisherigen gesetzlichen Bestimmungen unverändert lassen, sei es weil sie sich bewährt zu haben scheinen,[1]) sei es weil die Regelung des schiedsrichterlichen Verfahrens zu wenig praktisches Interesse bietet. Es ergiebt sich danach, daß die Unwirksamkeit von Schiedssprüchen auf Vornahme von Handlungen, die nicht erzwungen werden dürfen, nicht aus dem Willen des Gesetzgebers, geschweige denn aus dem Willen des Gesetzes abgeleitet werden kann. Kohler scheint damit einverstanden zu sein. Denn wenn er auch[2]) behauptet: ein Verbot im Sinne des § 867² (jetzt 1041²) ist nicht bloß ein Verbot, die Handlung vorzunehmen, sondern auch ein Verbot, die Handlung erzwungen vorzunehmen, also ein Verbot, die Handlung zu erzwingen, so führt er zur Begründung doch nur Zweckmäßigkeitserwägungen an. Damit ist zugestanden, daß eine Verpflichtung des Richters, einer schiedsrichterlichen Verurtheilung zur Vornahme unerzwingbarer Handlungen die Anerkennung zu verweigern, nicht besteht. Denn auf Zweckmäßigkeitsrücksichten begründete Leitsätze können zwar der Praxis

---

1) Der Präsident des Schiedsgerichts der Wiener Waaren-Börse A. v. Lindheim sagt a. a. O. S. 23: „Ohne auf Widerspruch zu stoßen darf man wohl behaupten, daß wenn auch andere Materien der deutschen Reichscivilprozeßordnung zu Kontroversen Veranlassung gegeben haben, die durch erstere bewirkte Regelung des schiedsrichterlichen Verfahrens sowohl in Juristen- als in Laienkreisen Zustimmung gefunden und wenigstens bisher eine Anfechtung nicht erfahren haben." Vgl. aber Dernburg, Pand. § 166 Anm. 1.

2) Ges. Abhandlungen S. 202 Anm. 147.

zur Beachtung empfohlen werden, nachdem festgestellt ist, daß das Gesetz der Anstellung von Zweckmäßigkeitserwägungen nicht entgegensteht, aber verbindliche Kraft hat doch — abgesehen von der hier nicht in Betracht kommenden Frage des Gewohnheitsrechts — nur, was aus dem Gesetz entnommen werden kann. Die „formalistische“[1]) Behandlung soll zwar in vielen Fällen nicht den Abschluß der juristischen Arbeit, aber sie muß immer ihren Anfang bilden.

3. Nach §§ 1041 Ziff. 1 und 1043[2] kann die Aufhebung des Schiedsspruchs beantragt werden und ist das Vollstreckungsurtheil nicht zu erlassen, wenn das schiedsgerichtliche Verfahren unzulässig war.

Daß das schiedsgerichtliche Verfahren unzulässig ist, wenn der Schiedsvertrag nicht rechtlich wirksam ist, ergiebt sich schon daraus hinreichend deutlich, daß die CPO. an der Spitze der Vorschriften über das schiedsgerichtliche Verfahren bestimmt, wann ein Schiedsvertrag rechtliche Wirkung hat. Außerdem spricht CPO. § 1037 von dem Fall, daß die Unzulässigkeit des schiedsgerichtlichen Verfahrens behauptet, insbesondere geltend gemacht wird, daß ein rechtsgiltiger Schiedsvertrag nicht bestehe.[2])

Ein Schiedsvertrag hat nach CPO. § 1025 insoweit rechtliche Wirkung, als die Parteien berechtigt sind, über den Gegenstand des Streits einen Vergleich zu schließen.

Nach der herrschenden Auffassung bedeutet diese Vorschrift einerseits, daß gesetzliche Vertreter und andere vom Gesetz zur Verwaltung fremder Vermögensangelegenheiten berufene Personen, wie der Testamentsvollstrecker und Konkursverwalter, Schiedsverträge unter denselben Voraussetzungen abschließen können, unter denen sie zum Abschluß von Vergleichen ermächtigt sind, und andererseits, daß zum Abschluß eines Schiedsvertrags in eigener oder fremder Sache die Vergleichsfähigkeit des Streitgegenstands er-

1) Kohler a. a. O. Anm. 148.
2) Vgl. Begr. des Entw. von 1874 zu §§ 807, 808 S. 479.

forderlich ist.[1]) Inwieweit die erstgenannte Bedeutung aufrecht zu erhalten ist, nachdem es außer Gebrauch gekommen ist, einen Vertreter als Partei zu betrachten, ist hier gleichgiltig.[2]) Gegen die an zweiter Stelle genannte Bedeutung könnte Einwendungen erheben, wer dem Willen des Gesetzgebers Gewicht beilegt. Denn die Autoritäten, auf welche sich die Begründung zum Entwurf der CPO. unmittelbar oder mittelbar beruft, stellten den vom Gesetz wiedergegebenen Grundsatz ausschließlich oder wenigstens vorzugsweise um der erstgenannten Bedeutung willen auf.[3]) Wer dem Willen des Gesetzgebers keine verbindliche Kraft beilegt, hat zu Zweifeln keine Veranlassung und darf als gesichert betrachten, daß der Gegenstand des Streits, zu dessen Entscheidung Schiedsgerichte berufen werden, transigibel sein muß.

Weniger unbedenklich ist es, ob man auf dem Boden des Gesetzes verbleibt, wenn man hinzufügt, daß partielle Vergleichsmöglichkeit nicht entsprechende Zulässigkeit des Schiedsvertrags bedingt, und daß wenn jene nur in gewissen Richtungen gegeben ist, daraus die Unzulässigkeit eines Schiedsvertrags folge, welcher zu einer der Vergleichsstiftung entzogenen Regelung des Rechtsverhältnisses führen könnte.[4]) So oft diese Behauptung wiederkehrt, ist doch niemals der Versuch gemacht worden, sie aus dem Gesetz heraus zu beweisen. Der Versuch würde auch aussichtslos sein gegenüber dem Wortlaut des Gesetzes, welches eben nichts weiter verlangt, als daß über den Gegenstand des Streits ein Vergleich geschlossen werden kann, keineswegs aber erfordert, daß Vergleiche in jeder Richtung statthaft sind.[5]) Die Vorschrift in der Preuß.

---

1) So insbes. Wilmowski-Levy, Gaupp-Stein.

2) Wach, Hdb. I § 7 erwähnt die „subjektive" Bedeutung nicht.

3) So bezeichnet die Begr. zum preuß. Entw. von 1864 § 330 als den Vorzug einer entsprechenden Bestimmung vor der Vorschrift der AGO., welche die Befugniß der Parteien zur Errichtung eines Schiedsvertrags von ihrer „freien und uneingeschränkten Disposition über den streitigen Gegenstand" abhängig machte, daß damit Vormündern und Gesellschaftsvorstehern der Abschluß von Schiedsverträgen ermöglicht werde.

4) So Wach, Hdb. I S. 68.

5) Es ist mindestens ungenau, wenn bei Gaupp-Stein zu § 851 der

Allgemeinen Gerichtsordnung, die zum Schiedsvertrag die freie und unbeschränkte Disposition über den streitigen Gegenstand für nöthig erklärt, durfte sicherlich zum Vergleich,[1]) keinesfalls aber zum Beweis[2]) für den Inhalt einer völlig anders lautenden Vorschrift der CPO. herangezogen werden. Im Uebrigen pflegen die Schriftsteller, die ihre eigene Autorität zur Begründung eines Rechtssatzes nicht bereits für ausreichend halten, sich auf Zweckmäßigkeitserwägungen zu berufen. Insbesondere wird darauf hingewiesen, daß wenn man nicht anerkennen wolle, daß eine partielle Vergleichsmöglichkeit zur Zulassung des Kompromisses nicht genügt, man zu der Folgerung genöthigt werde, daß Kompromisse in Ehescheidungsfragen zulässig seien, wenn Vergleiche in favorem matrimonii gestattet sind. Es soll hier keineswegs bestritten werden, daß solche Zweckmäßigkeitserwägungen beachtlich sind, wenn auch bestritten werden muß, daß auf Zweckmäßigkeitsrücksichten basirte Sätze dieselbe verbindliche Kraft beanspruchen dürfen, wie die aus dem Gesetz entnommenen Normen. Für die vorliegende Untersuchung ist es aber von Werth, festzustellen: die herrschende Auffassung erkennt den Satz, daß die partielle Vergleichsmöglichkeit zur Zulassung des Kompromisses nicht genügt, an, obwohl dieser Satz in dem Gesetz keinen Anhalt findet, sondern nur auf Zweckmäßigkeitsrücksichten gestützt werden kann. Damit wird zugestanden, daß bei der Beurtheilung der Frage, welche Streitigkeiten schiedsgerichtlicher Entscheidung unterworfen werden können, Zweckmäßigkeitsrücksichten mitsprechen dürfen. Wer alle Streitigkeiten, die

---

(bish.) CPO. bemerkt wird: „der Gegenstand des Streites muß ein solcher sein, daß die Parteien nach dem geltenden materiellen Recht über denselben durch Vergleich zu disponiren befugt sind; es genügt also nicht, wenn der Vergleich den Parteien nur nach einer einzelnen Richtung hin, z. B. zur Aufrechterhaltung der Ehe, gestattet ist."

1) So Dernburg, Preuß. Privatr. § 143 Anm. 3; diese Anmerkung scheint die Grundlage für alle folgenden Erörterungen zu bilden.

2) So Förster, der die Vorschrift der CPO. kommentirt: Ferner ist Voraussetzung, daß den Parteien über den streitigen Gegenstand „die ganze freie und uneingeschränkte Disposition" (§ 167 I, 2 AGO.) zusteht, d. h. daß sie über den Gegenstand in seiner Totalität, nicht bloß in bestimmter Richtung freies Verfügungsrecht haben.

nicht vom Gesetz ausgeschlossen sind, für dem Kompromiß zugänglich erklären wollte, müßte anerkennen, daß auch die partielle Vergleichsmöglichkeit die Zulässigkeit des Kompromisses begründet.

4. Vergleich heißt nach BGB. § 779 der Vertrag, durch den der Streit oder die Ungewißheit der Parteien über ein Rechtsverhältniß (der die Unsicherheit der Verwirklichung eines Anspruchs gleichgestellt wird) im Wege beiderseitigen Nachgebens beseitigt wird.

Daß diese Begriffsbestimmung für die Auslegung des § 1025 CPO., der dem Schiedsvertrage insoweit rechtliche Wirkung beilegt, als die Parteien berechtigt sind, über den Gegenstand des Streits einen Vergleich zu schließen, maßgebend ist, unterliegt keinem Zweifel.[1]) Die Kontroversen darüber, welche Bedeutung der Vergleichsbegriff des bürgerlichen Rechts für die Auslegung der Vorschriften der CPO. über den Prozeßvergleich hat,[2]) sind hier ohne Interesse.

Es fragt sich nun, ob nach BGB. § 779 Vergleiche über Verhältnisse, insbesondere Ansprüche ausgeschlossen sind, denen zwingende Rechtsvorschriften die Anerkennung versagen oder deren Bestand umgekehrt durch zwingende Vorschriften der Disposition des Betheiligten entzogen ist.[3])

Diese Frage soll indessen hier nicht in ihrem ganzen Umfang besprochen werden. Es soll vielmehr hier nur erörtert werden, ob Schuldverhältnisse und Ansprüche, die aus nichtigen Schuldverträgen abgeleitet werden, den Gegenstand eines Vergleichs bilden können. Den nichtigen Schuldverträgen werden die Spiel- und Differenzgeschäfte[4]) sowie die im BGB. § 656 bezeichneten Ver-

---

1) Vgl. Begr. z. Entw. der CPO. von 1874 zu § 792: Streitigkeiten, über welche nach dem in den einzelnen Rechtsgebieten geltenden materiellen Rechte ein Vergleich geschlossen werden darf, können Gegenstand eines Schiedsvertrages sein.

2) Vgl. Kretschmar, Der Vergleich im Prozesse (1896) S. 73 f.; Paul, Der Vergleich im Civilprozeß (1898).

3) Vgl. z. B. BGB. § 619.

4) BGB. §§ 762, 764.

sprechen, also die Verträge anzuschließen sein, von denen das Gesetz sagt, daß sie eine Verbindlichkeit nicht begründen.

Der § 779 verlangt zum Vergleich, daß durch ihn der Streit oder die Ungewißheit über ein Rechtsverhältniß beseitigt wird. Ließe sich erweisen, was neuerdings Bülow in einer gelegentlichen Bemerkung [1]) für das gemeine Recht behauptet hat, daß eine subjektive und objektive Ungewißheit vorhanden sein müsse, so könnte damit die gestellte Frage als erledigt erscheinen. Es wäre indessen doch noch der Beweis aus dem Gesetz zu erbringen, daß eine objektive Ungewißheit dann ausgeschlossen ist, wenn später der Bestand oder Nichtbestand des Rechtsverhältnisses festgestellt wird, daß also die später durch Richterspruch erbrachte objektive Gewißheit auf die Zeit des Vergleichsabschlusses zurückwirkt. Es braucht nicht ausgeführt zu werden, welche praktischen Bedenken dem Erforderniß objektiver Ungewißheit in diesem Sinne entgegenständen. Jedenfalls sagt das Gesetz nicht, daß objektive Ungewißheit in diesem Sinne erforderlich ist. Sollte aber bei der Beurtheilung der Frage, ob objektive Ungewißheit besteht, lediglich auf die Zeit des Vergleichsabschlusses Rücksicht genommen werden, so ist — abgesehen von Verhältnissen, die bereits durch rechtskräftiges Urtheil positiv oder negativ festgestellt sind — noch nicht klargestellt, woher zu dieser Zeit über ein zwischen den Parteien streitiges oder subjektiv ungewisses Rechtsverhältniß objektive Gewißheit entnommen werden konnte. [2])

Die herrschende Auffassung, daß ein objektiv nicht begründeter Streit oder eine subjektive Ungewißheit genügt, kann sich darauf berufen, daß § 779 von dem Streit oder der Ungewißheit der Parteien spricht. Freilich ergiebt sich das Bedenken, ob bei dieser Auffassung der Streit oder die Ungewißheit beseitigt werden kann, wie es § 779 vom Vergleich verlangt. Kein Vertrag kann eine innere Ungewißheit oder den Gegensatz der Ueberzeugungen

1) Archiv f. civ. Praxis 83 S. 83 Anm. 90.

2) Vgl. Oertmann, Vergleich S. 53f., Bertolini, della transazione secondo il diritto Romano (1900) S. 65f.

hinsichtlich eines Rechtsverhältnisses beseitigen, wenn man das letztere Wort als gleichbedeutend mit „aufheben" oder „beendigen" auffaßt. Geben die Parteien in ihrer Abmachung ihrer Ueberzeugung Ausdruck, wie es sich um ein zwischen ihnen streitig oder ungewiß gewordenes Rechtsverhältniß verhält, so liegt kein Vergleich vor, weil der Streit und die Ungewißheit nicht erst durch die Abmachung beseitigt wird. Befinden sich die Parteien dagegen bis zur Abmachung in Streit oder Ungewißheit, so ist nicht abzusehen, wie eine Willensbestimmung darüber, was in Zukunft zwischen ihnen Rechtens sein soll, die Ungewißheit über ihr bisheriges Rechtsverhältniß oder die Möglichkeit, darüber widerstreitende Behauptungen aufzustellen, aufheben könnte. Unter der Ungewißheit in § 779 eine lediglich subjektive zu verstehen, dürfte nur möglich sein, wenn „beseitigen" bedeutet: für das Recht und den Richter bei Seite legen, rechtlich unbeachtlich machen. Daß der Streit und die subjektive Ungewißheit rechtlich unbeachtlich wird, kann der Vergleich bewirken. Hier wird im Folgenden anzuknüpfen sein.

Einstweilen mag nur darauf hingewiesen werden, daß jedenfalls ein Streit oder eine Ungewißheit über ein Rechtsverhältniß nicht vorliegt, wenn die Parteien darüber einig sind, daß ein Verhältniß zwischen ihnen besteht, welches vom Recht nicht anerkannt wird. Deshalb liegt kein Vergleich vor, wenn der Streit über den Betrag der Schuld aus einem Vertrage, der von beiden Theilen als Spiel- oder Wettvertrag anerkannt wird,[1]) im Wege beiderseitigen Nachgebens beseitigt wird, und ein mit Bezug auf eine solche Schuld abgeschlossener Schiedsvertrag ist unwirksam. Zweifelhafter ist es, ob ein Vergleich und mit ihm ein entsprechender Schiedsvertrag nach der Vorschrift des § 779 unwirksam ist, wenn im Gegentheil die Parteien voraussetzen, daß das zwischen ihnen streitige Verhältniß ein Rechtsverhältniß ist. § 779 spricht von einem nach dem Inhalt des Vertrags als feststehend zu Grunde gelegten „Sachverhalt" und von Kenntniß der „Sachlage".[2]) Man

---

1) Vgl. Planck-André z. BGB. § 762, 1a.

2) Ein in der 2. Kommission angenommener Antrag sprach statt dessen

kann Bedenken tragen, diese Worte auf den hier in Frage stehenden Rechtsumstand zu beziehen.

5. Der § 779 verlangt zum Vergleiche, daß durch ihn der Streit oder die Ungewißheit über ein Rechtsverhältniß beseitigt wird, und zwar im Wege beiderseitigen Nachgebens.

Damit bestätigt sich für das geltende Recht, wenigstens hinsichtlich der Vergleiche über Forderungen und Ansprüche, was Bekker[1]) für das gemeine Recht aussprach:

„Das sog. ungewisse Recht oder Rechtsverhältniß wird

α) entweder in vollem behaupteten Umfange anerkannt, Anerkenner der dem Berechtigten Gegenüberstehende;

β) oder beschränkt anerkannt, Anerkennung seitens beider Theile, der Berechtigte anerkennt, daß es nicht über, der Gegenüberstehende daß es bis an die Schranke bestehe;

γ) oder als nicht vorhanden anerkannt, vom Berechtigten.

Eine dieser Möglichkeiten steckt in jedem Vergleiche.“[2])

In der That giebt es kein anderes Mittel, einen Streit oder eine Ungewißheit über eine Forderung durch Vertrag zu beseitigen, d. h. rechtlich unbeachtlich zu machen, als den positiven oder negativen Anerkenntnißvertrag.[3]) Nur durch das Anerkenntniß wird der Richter der Pflicht entbunden und des Rechtes beraubt, über jedes Rechtsverhältniß auf Anrufen einer Partei Untersuchung anzustellen und Entscheidung zu treffen.

---

von einem als feststehend vorausgesetzten und nicht bestehenden „Umstand“. Prot. II S. 520.

1) System II S. 262 Anm. i.

2) Vgl. Risch, Lehre vom Vergleich S. 43: „Oder was ist denn der Vergleich, soweit er das streitige Verhältniß für die Zukunft beseitigt, anderes, als entweder Verzicht oder Anerkennung?“; vgl. Regelsberger, Pand. I S. 624, neuestens Zitelmann, R. d. BGB., Allgem. Theil S. 149: „die Leistung der einen Partei muß nothwendig jedesmal eine positive oder negative Anerkennung sein (eine positive oder eine beschränkte).“

3) Ob er bei verbrieften Forderungen genügt, soll hier nicht erörtert werden.

Nicht jedes positive oder negative Anerkenntniß genügt diesem Zwecke. Bildete der Bestand oder Nichtbestand der Forderung die causa des Anerkennungsvertrags, so kann, wenn die causa objektiv ermangelte, trotz des Anerkenntnisses vor dem Richter über die Forderung gestritten werden. Ebenso wenn die Anerkennung um einer causa futura willen erfolgte. Wenn z. B. der Gläubiger in Erwartung der Zahlung ein Empfangsbekenntniß abgegeben hat, kann nach BGB. § 812 die Wiederherstellung der Forderung beansprucht und dabei oder nachher über die Forderung gestritten werden. Das Anerkenntniß hat zwar die Beweislast verschoben, aber die Bestreitbarkeit der Forderung nicht aufgehoben.

Anders ist es — abgesehen von dem Anerkenntniß donationis causa — nur, wenn das Anerkenntniß eine gleichzeitig realisirte Leistung von der anderen Seite zur causa hat. Dann ist jede Möglichkeit, durch eine Kondiktion die Wiederaufnahme des Streites herbeizuführen, ausgeschlossen, weil der Mangel des objektiven Bestandes der causa nicht in Frage kommen kann.

Kann nur ein solches Anerkenntniß den Streit über die Forderung beseitigen, und muß nach der Begriffsbestimmung in § 779 durch den Vergleich über eine Forderung der Streit über die Forderung beseitigt werden, so muß der Vergleich ein positives oder negatives Anerkenntniß der Forderung in sich enthalten.

Gewiß hätte der Begriff des Vergleichs anders gefaßt werden können. Wäre folgender in der 2. Kommission gestellte Antrag:[1]) „durch den Vergleich wird zum Zwecke der Feststellung eines unter den Parteien streitigen oder ungewissen Rechtsverhältnisses oder zur Sicherung oder Beseitigung eines Anspruchs, dessen Verwirklichung unsicher ist, gegenseitiges Nachgeben vereinbart", angenommen und Gesetz geworden, so wäre das Anerkenntniß der Forderung nicht als Vergleichsbestandtheil sondern als ein (freilich meist in demselben Moment angewandtes) Erfüllungsmittel anzusehen. Nach dem BGB. ist dagegen der Vergleich ein dem Realkauf oder Realtausch verwandter Vertrag, bei dem mindestens die

---

1) Prot. II S. 520.

Leistung der einen Partei in einem Anerkenntniß über die streitige oder ungewisse Forderung bestehen muß.[1]) Dies gilt auch dann, wenn der angebliche Schuldner gegen ein von dem Forderungsprätendenten versprochenes Entgelt ein Schuldversprechen abgegeben hat, das sich wegen der Formvorschrift in § 781 nicht in ein Anerkenntniß umdeuten läßt; ein Vergleich liegt nur dann vor, wenn anzunehmen ist, daß der Forderungsprätendent zugleich „stillschweigend" über die bestrittene oder ungewisse Forderung ein negatives Anerkenntniß abgegeben hat.

§ 779 sagt nicht, daß durch den Vergleich der Streit oder die Ungewißheit der Parteien über ein Rechtsverhältniß für immer beseitigt werden müsse. Deshalb kann eine vergleichsweise Stundung nicht bloß in der Weise erfolgen, daß ein befristeter Anerkennungsvertrag abgeschlossen wird, sondern auch derart, daß der Forderungsprätendent über seine Forderung gegen Entgelt ein auf bestimmte oder bestimmbare Zeit beschränktes negatives Anerkenntniß abgiebt. Im letzteren Falle bleibt zwar die Möglichkeit, nach Ablauf der Frist über die Forderung einen rechtlich beachtlichen Streit zu führen, aber für die Dauer der Frist ist der Streit beseitigt. Auch zu diesem Zwecke aber dürfte ein Anerkenntniß über die Forderung erforderlich sein.[2])

Der Streit oder die Ungewißheit über eine Forderung kann dagegen nicht beseitigt werden durch eine beschränkte Anerkennung, d. h.[3]) ein (nicht bloß dem Ausdruck nach) auf einzelne forderungbegründende oder forderungaufhebende Thatsachen beschränktes Anerkenntniß. Selbst wenn der Anerkenntnißvertrag über Thatsachen vom Recht zugelassen sein sollte,[4]) kann jedenfalls durch ihn nur

---

1) Selbstverständlich kann der Anerkennende daneben Verpflichtungen übernehmen.

2) Eine auf BGB. § 202 gestützte Auffassung des Stundungsvertrags kann vielleicht eine Ausnahme von dem Grundsatz, daß zur Beseitigung des Streits ein Anerkenntnis erforderlich ist, nothwendig machen.

3) Vgl. Zitelmann, R. d. BGB. Allgem. Theil S. 145.

4) M. E. findet dieser Anerkenntnißvertrag (Geständnißvertrag J. W. Planck's) weder in der CPO. noch im BGB. eine Grundlage; das Prinzip der

verhindert werden, daß im Streit über die Forderung einzelne forderungbegründende oder forderungaufhebende Thatsachen bestritten werden.

Ist es aber richtig, daß jeder Vergleich über eine Forderung mindestens ein positives oder negatives Anerkenntnis über die Forderung enthalten muß,[1]) so wären Vergleiche über Forderungen aus nichtigen oder unverbindlichen Verträgen ausgeschlossen, wenn solche Forderungen nicht positiv oder negativ anerkannt werden könnten.[2])

Nun kann allerdings ein positiver Anerkenntnißvertrag aus demselben Grunde nichtig sein wie der Vertrag, aus welchem die anerkannte Forderung abgeleitet wurde. Wenn die Verpflichtung zu einer unsittlichen oder unmöglichen Handlung anerkannt wird, so ist das Anerkenntniß ebenso nichtig wie der frühere Vertrag; nichtig ist auch das Anerkenntniß der Verpflichtung zur Uebertragung eines zukünftigen Vermögens; nichtig ist auch nicht bloß das schriftliche Anerkenntniß der durch mündlichen Kaufvertrag übernommenen Verpflichtung zur Ueberlassung eines Grundstücks, sondern auch das schriftliche Anerkenntniß einer durch mündliches Schenkungsversprechen übernommenen Verpflichtung.[3]) Es kann ferner sein, daß das Anerkenntniß eines aus nichtigem Vertrage abgeleiteten Schuldverhältnisses gegen die guten Sitten verstößt und deshalb nichtig ist.

Vertragsfreiheit kommt ihm nicht zu gute, da dieses nur für obligirende Verträge anzuerkennen ist; seine Zulassung wäre schädlich.

1) Die Ausführungen von Erxleben, Condictiones sine causa II S. 314 ff. bleiben beachtenswerth, sind aber, da ihnen nicht der Vergleichsbegriff des BGB. zu Grunde liegt, im Ganzen für das geltende Recht nicht zutreffend.

2) So sagt eine Entscheidung des Reichsgerichts V 31/96 v. 1. Juli (Entsch. 37 S. 418) mit Bezug auf einen Vergleich über eine Spielschuld: „Mag der Vergleich die Ersetzung des früheren Rechtsverhältnisses durch ein anderes oder mag er die Beibehaltung des alten Rechtsverhältnisses unter gegewissen Abänderungen zum Inhalt haben, in beiden Fällen ist seine Rechtsbeständigkeit von dem Bestande des alten Rechtsverhältnisses abhängig, ohne daß (das?) weder eine Umschaffung (Novation) noch eine Beibehaltung (Anerkennung) rechtlich denkbar ist." Die Entscheidung IV 141/97 vom 14. Oktober (Gruchot Beitr. 42 S. 119) hat sich dem in einer landrechtlichen Sache angeschlossen. — Vgl. betreffs der Novation Bähr, Anerkennung [2] S. 48.

3) BGB. § 781 Satz 2.

Es giebt es aber weder im BGB. noch im gemeinen Recht eine allgemeine Vorschrift des Inhalts, daß ein Anerkenntniß nichtig ist, wenn der dem anerkannten Schuldverhältniß zu Grunde liegende Vertrag nichtig ist. Vielmehr muß nach wie vor daran festgehalten werden, daß nur eine Kondiktion des durch das Anerkenntniß begründeten Schuldverhältnisses erwächst, wenn der Bestand des anerkannten Schuldverhältnisses die causa des Anerkenntnisses bildete. Diese Kondiktion aber fällt bei dem vergleichsweisen Anerkenntniß fort, weil dessen causa nicht in der Existenz des anerkannten Schuldverhältnisses besteht.

Etwas Besonderes gilt für Anerkenntnisse der Verpflichtungen aus Spielverträgen [1]) und Heirathsmäklerverträgen [2]) sowie für schenkweis ertheilte Anerkennungserklärungen. [3]) Solche Anerkenntnisse sollen unverbindlich sein, [4]) die beiden erstgenannten aber doch nur, wenn sie zur Erfüllung der Spielschuld bezw. des Versprechens gegenüber dem Heirathsvermittler abgegeben sind. In Folge dessen kommen diese Sonderbestimmungen für das vergleichsweise Anerkenntniß nicht in Betracht. Nur wenn nachgewiesen werden könnte, daß trotz der Worte „zur Erfüllung" die angeführten Vorschriften auf alle Anerkenntnisse über Spielschulden ohne Rücksicht auf ihre causa zu beziehen sind, wäre auf diesem Wege das erstrebte Ziel gerade bezüglich derjenigen Schiedsverträge zu erreichen, welche den vorliegenden Erörterungen eine praktische Bedeutung für die Gegenwart geben.

Auch dann freilich müßte man den aus dem Gesetz nicht zu erweisenden Grundsatz zu Hülfe nehmen, daß schon eine partielle Vergleichsunmöglichkeit die Unzulässigkeit des Schiedsvertrags bedingt. Denn daß auch das *negative* Anerkenntniß über eine

---

1) BGB. § 762.

2) BGB. § 656.

3) BGB. § 518.

4) Die von *Collatz* (Jahrb. f. Dogmatik 40 S. 145) versuchte Ableugnung dieser — allerdings sonderbaren — Besonderheit ist mindestens durch die von ihm vorgetragenen Gründe nicht gerechtfertigt; vgl. insb. BGB. §§ 404, 405, 782, HGB. § 350.

aus nichtigem oder unverbindlichem Vertrage abgeleitete Forderung nichtig oder unverbindlich wäre, läßt sich gewiß nicht nachweisen. Möglich ist nur, daß ein Vertrag, in dem für den Verzicht auf eine solche Forderung ein Entgelt ausbedungen wird, als gegen die guten Sitten verstoßend erscheint.

6. Es ist mehrfach behauptet worden, daß wenn einem Vertrage die Bestimmung hinzugefügt sei, etwaige Streitigkeiten über diesen Vertrag solle ein Schiedsgericht entscheiden, diese Bestimmung einen integrirenden Bestandtheil des Geschäfts bilde. Deshalb sei die Schiedsgerichtsklausel nichtig, wenn der Vertrag im Uebrigen nichtig ist.

Kohler[1]) hat mit Recht gesagt, daß eine Begründung fehle. Auch die nunmehr geltenden Gesetze dürften nichts dafür ergeben, daß die Abrede über die Berufung eines Schiedsgerichts mit den Abreden über das Rechtsverhältniß, über das die Schiedsrichter zu entscheiden berufen werden, einen Vertrag bilde. Deshalb darf auch nicht aus BGB. § 139 eine Vermuthung dafür entnommen werden, daß die Schiedsgerichts-Vereinbarung nichtig sei, wenn die übrigen Abreden nichtig sind.

Mit der Frage, ob die Schiedsgerichtsabrede selbständig oder unselbständig ist, wird häufig in der Judikatur und Literatur[2]) die Frage zusammengeworfen: kann ein Schiedsgericht zur Entscheidung darüber berufen werden, ob aus einem Vertrage deshalb eine Verbindlichkeit nicht entstanden ist, weil derselbe nichtig oder unverbindlich ist? Es handelt sich aber hier um zwei von einander unabhängige Fragen. Es könnte ohne logischen Widerspruch[3]) vorgeschrieben werden, daß die Schiedsgerichtsabrede immer als ein selbständiger Vertrag behandelt werden soll, daß aber die Schieds-

---

1) Gesamm. Abhandl. z. Civilproz. S. 179 ff., auch Beiträge zur Erläut. d. d. Rechts 31 S. 481 f.

2) Vgl. Planck-André z. BGB. § 762, 1 b und die dort Nachgewiesenen.

3) Z. B. mit Rücksicht auf Konsequenzen der in Entscheid. d. Reichsgerichts 14 S. 259 angedeuteten Art.

gerichtsabrede unwirksam sein soll, wenn es die Verabredung über das Verhältniß ist, das dem Urtheil der Schiedsrichter unterworfen ist.

Wie unten darzulegen ist, ergeben die geltenden Gesetze zwar nicht den Beweis aber doch einen Anhalt dafür, daß das Kompromiß unwirksam ist, wenn das Recht dem Verhältniß, auf welches das Kompromiß sich bezieht, die Anerkennung versagt.

III.

In der Begründung zu der Vorschrift der Oesterreichischen Prozeß-Ordnung, daß ein Schiedsspruch wirkungslos ist, wenn er gegen zwingende Rechtsvorschriften verstößt, wurde gesagt [1]): „Da das zwingende Recht Bestimmungen enthält, von welchen durch die Parteien nicht abgewichen werden kann, so fordert es die juristische Konsequenz, daß solche Rechtssätze auch nicht durch einen mittels Parteiantrages zur Ordnung der Rechtsbeziehungen berufenen Schiedsrichter verletzt oder übergangen werden dürfen. Es würde sonst die Bestellung von Schiedsrichtern ein sich leicht darbietendes einfaches Mittel sein, um zu erzielen, was die Gesetzgebung eben dadurch auszuschließen versucht, daß sie gewissen Normen den Charakter zwingenden Rechtes beilegt."

Wenn die vorstehenden Erörterungen zutreffend sind, — niemand würde sich über den Beweis des Gegentheils im Interesse der Sache mehr freuen als der Verfasser —, so haben die deutschen Gesetze jene Konsequenz nicht gezogen [2]); es kann insbesondere nicht

---

1) Gemeinsamer Bericht der Permanenzkommission des Herrenhauses und des Permanenzausschusses der Abgeordnetenkammer S. 16.

2) Es wäre übrigens schwerlich wünschenswerth, daß die deutsche Gesetzgebung die Konsequenz in der Art der österreichischen Prozeßordnung zöge. Die Gefahr liegt nahe, daß unter einem gegen zwingende Rechtsvorschriften verstoßenden Schiedsspruch nur eine sententia expressim contra iuris rigorem data (Dig. 49, 1, 19) verstanden oder doch verlangt wird, daß der Verstoß aus dem Schiedsspruch selbst hervorgehe. Schiedssprüche, deren Tenor einen Verstoß gegen zwingendes Recht ergiebt, dürften selten sein und wiederum zumeist bereits der gegen schiedsgerichtliche Verurtheilung zu verbotenen Handlungen gerichteten Vorschrift unterliegen. Häufiger, wenn auch keineswegs immer, könnten solche Verstöße aus den Gründen ersichtlich werden; aber diese Möglichkeit wird erheblich vermindert, wenn die Schiedsrichter durch die Parteien von der Beifügung einer Begründung entbunden werden können (CPO. § 1041 [2]).

aus den Gesetzen nachgewiesen werden, daß einem Schiedsvertrag oder Schiedsspruch über eine aus nichtigem oder unverbindlichem Vertrag abgeleitete Forderung das Vollstreckungsurtheil versagt werden muß.

Darf die Jurisprudenz die vom Gesetz nicht gezogene „juristische Konsequenz" ziehen? Darf sie namentlich Schiedsverträgen und Schiedssprüchen der hervorgehobenen Art die Anerkennung verweigern? Oder giebt es ein Gesetz, welches ihr dies verböte?

Nur ein gesetzliches Hinderniß dürfte in Frage kommen. Schuldbegründende Verträge — nicht alle auf Schuldverhältnisse bezüglichen Verträge — sind wirksam, sofern nicht das Gesetz eine Ausnahme vorschreibt. Wäre der Vergleich ein obligirender Vertrag, so müßten mangels einer gesetzlich bestimmten Ausnahme auch Vergleiche über Forderungen aus nichtigen oder unverbindlichen Geschäften und mit ihnen die entsprechenden Schiedsverträge als wirksam anerkannt werden. Nun können allerdings im Wege des Vergleichs Forderungen begründet werden. Der Charakter des Vergleichs wird aber durch die möglicherweise in ihm enthaltenen obligirenden Abmachungen nicht bestimmt. Immer und nothwendig enthält der Vergleich, da durch ihn der Streit oder die Ungewißheit über ein Rechtsverhältniß beseitigt werden muß, eine Verfügung in sich.[1]) Wegen dieses wesentlichen Bestandtheils wird auch der Vergleich über Forderungen nicht von dem „Prinzip der Vertragsfreiheit" berührt.

Es ist auch, wie oben[2]) dargelegt ist, bereits allgemein anerkannt, daß nichts im Wege steht, dem Wirkungsbereich der Schiedsverträge engere Grenzen zu setzen als der Wortlaut des Gesetzes angiebt, wenn es der Zweck der Rechtsordnung erfordert. Wer in dieser Frage bei einer formalistischen Beurtheilung stehen bleiben zu müssen glaubt, muß auch dem Grundsatz, daß partielle Vergleichsmöglichkeit die Zulässigkeit des Schiedsvertrags nicht bedingt, die Anerkennung versagen.

---

1) Vgl. ob. S. 26.
2) S. 19.

Soll die Jurisprudenz jene „juristische Konsequenz“ ziehen, m. a. W. entspricht es den Zwecken, oder wenn man dies lieber hört, dem „Geist“ der Rechtsordnung, zu verhindern, daß vermittels des schiedsrichterlichen Verfahrens zwingende Vorschriften außer Kraft gesetzt, insbesondere nichtige und unverbindliche Verträge mit Wirksamkeit ausgestattet werden? Schwerlich wird Jemand diese Frage an und für sich verneinen. Aber es darf nicht verkannt werden, daß man, wenn man solchen Erfolgen des schiedsrichterlichen Verfahrens entgegentreten will, gewisse Uebelstände in Kauf nehmen muß. Der gegenüber jeder Beeinträchtigung des laissez faire beliebte Einwand, daß der Chikane Thor und Thür geöffnet werde, kann auch hier erhoben werden. Wird dem vom Schiedsgericht Verurtheilten die Möglichkeit gewährt, in dem Verfahren auf Erlaß des Vollstreckungsurtheils eine Untersuchung darüber zu erwirken, ob der Schiedsvertrag sich auf ein durch nichtigen oder unverbindlichen Vertrag begründetes Verhältniß bezog, so wird damit allerdings auch einem böswilligen Schuldner ein Mittel gegeben, die Vollstreckung des Schiedsspruchs zu verzögern. Es scheint auch nicht außer Betracht gelassen werden zu dürfen, daß die Zumuthung an die ordentlichen Gerichte, die Schiedssprüche in der bezeichneten Richtung einer Nachprüfung zu unterziehen, die Geschäftsüberlastung mancher Gerichte ein wenig vergrößern kann. Ueber das Gewichtsverhältniß von Gründen und Gegengründen läßt sich hier wie in allen rechtspolitischen Fragen kein wissenschaftlich begründetes Urtheil abgeben. M. E. kann das Uebergewicht der Staats- und Gesellschaftsinteressen, welche der Wirksamkeit von Schiedssprüchen wider zwingendes Recht entgegenstehen, nicht zweifelhaft sein.

Endlich: kann die Praxis, jene „juristische Konsequenz“ ziehend, Schiedssprüchen wider zwingendes Recht die Anerkennung verweigern?

Römischen, vielleicht auch französischen Juristen könnte diese Frage unverständlich erscheinen. Unter den gegebenen Verhältnissen bedeutet sie: kann für die Verweigerung des Vollstreckungsurtheils oder die Aufhebung des Schiedsspruchs wenigstens ein Anhalt im Gesetz gefunden werden?

Es dürften drei Gruppen von Schiedssprüchen wider zwingendes Recht zu unterscheiden sein.

Zu der ersten würde es gehören, wenn ein Vereins-Schiedsgericht ein Mitglied trotz seiner Kündigung zur Fortzahlung der Beiträge verurtheilte, vielleicht mit der Begründung, daß die Kündigung nicht gültig gewesen sei, oder wenn das Komitee eines Hausbesitzervereins als Schiedsgericht einen Miether trotz seiner Kündigung zur Zahlung der Miethe für eine gesundheitsgefährliche Wohnung verurtheilte. In solchen Fällen liegt dem Schiedsspruch ein Schiedsvertrag über ein gültiges Rechtsverhältniß zu Grunde, in dessen Wirkungen zwingende Rechtssätze eingreifen. Glücklicherweise scheinen Fälle dieser Art bisher nicht zur Entscheidung ordentlicher Gerichte gelangt zu sein und auch für die nächste Zukunft nicht in Aussicht zu stehen. Ob ihnen gegenüber für die Versagung des Vollstreckungsurtheils ein Anhalt an CPO. § 1041 Ziff. 2 in Verbindung mit CPO. § 1042 [2] zu gewinnen wäre,[1]) dürfte sehr zweifelhaft sein.

Die zweite Gruppe wird von den Fällen gebildet, in denen der Schiedsvertrag sich auf ein Rechtsverhältniß bezieht, das nach

---

1) Vgl. oben S. 17; A. v. Lindheim fährt an der oben S. 16 Anm. 3 angegebenen Stelle fort: „Es scheint uns daher auch sehr begründet, daß die deutsche Reichscivilprozeßordnung und auch die österreichischen Entwürfe zwar für die Regel die Schiedsrichter von der Beobachtung der civilprozessualen Bestimmungen lossprechen, es aber doch nicht erwähnen, daß die Schiedsrichter auch das materielle Recht nicht zu beobachten hätten. Vielmehr bestimmen die genannten Gesetze, daß der Schiedsspruch anfechtbar sei, wenn in demselben Jemand zu einer unerlaubten Handlung verurtheilt worden sei; es dürfte sich aber gewiß empfehlen, diese Bestimmung nicht allzustrenge zu interpretiren und schon dann die Entscheidung für anfechtbar zu erklären, wenn sie gegen zwingende, aus öffentlichen Rücksichten getroffene Gesetzesbestimmungen verstößt, wie ja nach dem allgemeinen preußischen Landrecht ein Schiedsspruch schon dann anfechtbar ist, wenn er gegen ein ausdrückliches Landesgesetz verstößt. Es ist dies auch keineswegs unvereinbar mit der auch von uns betonten Eigenthümlichkeit des Schiedsgerichts, daß es Alles nach Billigkeit ex aequo et bono zu entscheiden habe. Denn der Staat kann und darf es nicht zugeben, daß das, was er aus öffentlichen Rücksichten und der allgemeinen Staatsraison wegen statuirt, von Mitgliedern seines Staats erst nach seiner Billigkeit geprüft und danach angewendet wird. Was ihm aus diesen Gründen Recht ist, muß Jedem billig sein."

zwingenden Rechtsverhältnissen allen oder einzelnen Verfügungen der Betheiligten unzugänglich ist.[1]) Wenn keinerlei Verfügung statthaft ist, so ist ein Vergleich nicht möglich, mithin ein Schiedsvertrag nach CPO. § 1025 ausgeschlossen. Handelt es sich um ein Rechtsverhältniß, das nur in gewissen Richtungen der Verfügung der Betheiligten entzogen ist, so empfiehlt es sich, an der herrschenden „Auslegung" der genannten Vorschrift[2]) festzuhalten.

Die dritte Gruppe vereinigt die Fälle, in denen der Schiedsvertrag sich auf ein wegen zwingender Gesetzesvorschriften nicht zu Recht bestehendes Verhältniß bezieht.

Hier dürfte hinsichtlich des antizipirten Schiedsvertrages CPO. § 1026 einen Anhalt gewähren.

CPO. § 1026 verordnet, daß ein Schiedsvertrag über künftige Rechtsstreitigkeiten keine rechtliche Wirkung hat, wenn er sich nicht auf ein bestimmtes Rechtsverhältniß bezieht.

Es ist nicht üblich und entspricht auch schwerlich den Absichten „des Gesetzgebers", darauf Werth zu legen, daß hier von einem bestimmten R e ch t s verhältniß und nicht von einem bestimmten Verhältniß die Rede ist. Aber da nun einmal das Gesetz von einem R e ch t s verhältniß spricht, wird man es nicht für unzulässig erklären dürfen, wenn die erste Silbe des Wortes nicht als bedeutungslos behandelt wird.

Wenn „die Mitglieder eines Spielklubs sich bezüglich der aus gegenseitigem Spiele entstehenden Ansprüche dem Schiedsspruche des Vorstandes unterwerfen",[3]) so bestimmen sie nicht ein R e ch t s-verhältniß. Denn das durch Spiel begründete Verhältniß ist kein Rechtsverhältniß.[4]) Fehlt aber die Bestimmung eines R e ch t s-

1) Vgl. oben S. 20.

2) Vgl. oben S. 21.

3) K o h l e r, Ges. Abhandl. z. Civilprozeß S. 202.

4) Gegen die Bezeichnung der durch Spiel begründeten Verpflichtungen als „unvollkommener Verbindlichkeiten" muß Einspruch erhoben werden, wenn dadurch der Anschein erweckt wird, als ob diese und ähnliche Verpflichtungen doch in gewisser Hinsicht rechtliche Schuldverhältnisse seien. Sie sind es nicht und werden es ebenso wenig durch den Ausschluß der Kondiktion, wie die Pflicht zur Gewährung einer Ausstattung durch BGB. § 1624 zur rechtlichen Verbindlichkeit erhoben wird.

verhältnisses, so hat die Einsetzung des Schiedsgerichts keine rechtliche Wirkung; dem schiedsgerichtlichen Verfahren und dem Schiedsspruch des Klubvorstandes mangelt die gesetzliche Grundlage.

Dasselbe gilt auch, wenn die Spieler etwa dem Klubvorstand zur Entscheidung etwaiger Streitigkeiten über ihre „am heutigen Abend begründeten Beziehungen" berufen oder diesen Beziehungen einen anderen wohlklingenden Namen geben. So entbehrt ein zwischen den Kontrahenten eines Differenzgeschäfts mit Bezug auf dieses abgeschlossener Schiedsvertrag der rechtlichen Wirksamkeit, obwohl der Spielvertrag als Kaufvertrag bezeichnet ist.[1]) Auf den Namen kommt es hier ebenso wenig an, wie wenn die Parteien das der schiedsgerichtlichen Beurtheilung unterworfene Verhältniß irrthümlich als Auftragsverhältniß statt als Dienstverhältniß bezeichnet haben. Es ist auch gleichgültig, ob die Parteien das bestimmte Verhältniß für ein rechtlich anerkanntes Verhältniß gehalten haben oder es als solches anerkannt wissen wollten, und es ist ebenso gleichgültig, ob sie das bestimmte Verhältniß, nachdem der Streit vor dem Schiedsgericht eröffnet ist, als Rechtsverhältniß angesehen wissen wollen. Der Wille der Parteien vermag zu keiner Zeit zu erzielen, daß die im Schiedsvertrag enthaltene Bestimmung eines rechtlich nicht anerkannten Verhältnisses zur Bestimmung eines Rechtsverhältnisses wird. Wenn die Parteien darüber streiten, ob das im Schiedsvertrag der schiedsgerichtlichen Beurtheilung unterstellte Verhältniß ein Rechtsverhältniß ist, so kann das Schieds-

1) In einem neueren Erkenntniß des Reichsgerichts (Entscheid. 36, 248 f.) ist gesagt: „Zuzugeben ist, daß die Kontrahenten vor, bei oder nach Abschluß eines Rechtsgeschäfts vereinbaren können, es solle auch der Streit darüber, ob das Geschäft rechtswirksam geschlossen sei, im schiedsrichterlichen Verfahren entschieden werden. Eine andere Frage ist schon, ob Parteien, welche zu spielen verabredet haben, gültig paktiren können, daß über Ansprüche aus dem Spiele, und ob Spiel vorliege, durch Schiedsspruch entschieden werden solle. Denn dadurch verleihen sie dem Spielvertrag unter Umgehung des Gesetzes eine theilweise Klagbarkeit." Der erste Satz ist hinsichtlich des antizipirten Schiedsvertrages zu bestreiten. Gegenüber dem zweiten ist darauf hingewiesen, daß die jetzt geltenden Gesetze das Verbot der negotia in fraudem legis nicht enthalten, und daß der Beweis der Umgehungsabsicht in manchen Fällen schwierig ist.

gericht nach CPO. § 1037 auch darüber Untersuchung anstellen [1]) und Entscheidung treffen. Aber die Entscheidung ist für das ordentliche Gericht nicht maßgebend, weil das Schiedsgericht nicht die Grundlagen seiner eigenen Kompetenz schaffen kann, diese vielmehr nur durch einen rechtlich wirksamen Schiedsvertrag begründet wird. [2]) Wird dem ordentlichen Gericht bewiesen, daß das bestimmte Verhältniß kein Rechtsverhältniß war, so muß dem Schiedsspruch die Anerkennung versagt werden.

Freilich nur gegenüber dem antizipirten Kompromiß kann CPO. § 1026 einen Anhalt gewähren. Einer Erneuerung oder Bestätigung des Schiedsvertrags nach der Entstehung des Streites steht diese Vorschrift nicht entgegen. In dem vom Beklagten vor dem Schiedsgericht abgegebenen Verzicht auf die Bemängelung der Unzulässigkeit des Verfahrens wird eine Bestätigung des Schiedsvertrages zu finden sein. Dagegen liegt eine unrichtige Willensauslegung vor, wenn ein solcher Verzicht schon darin gefunden wird, daß der Beklagte es unterläßt, vor dem Schiedsgericht die Unzulässigkeit des Verfahrens geltend zu machen oder auch nur zu substantiiren. Davon, daß in Folge solcher Unterlassungen ein rechtlich nicht vorhandener Schiedsvertrag fingirt werden solle, sagt die CPO. sicherlich nichts. [3])

---

1) Z. B. wenn über einen Grundstückskauf ein Schiedsvertrag abgeschlossen war und streitig wird, ob der Kauf notariell oder gerichtlich beglaubigt war.

2) Vgl. Kohler in Beiträgen zur Erläut. d. deutschen Rechts Bd. 31 S. 511.

3) Das Reichsgericht scheint von der hier bekämpften Auffassung bereits nahezu zurückgekommen zu sein. Sie ist ausgegangen vom 1. Senat (vgl. insb. Entscheid. 27, S. 378 f.) und vom 2. Senat (II 198 93 vom 8. Dezember, Bolze 17, 847) übernommen. Aber der 1. Senat hat bereits in I 67/94 (Bolze 20, 844) zwar seine frühere Ansicht noch als „im Allgemeinen zutreffend" bezeichnet, aber von dem Verlangen, daß der Beklagte, um vor dem Staatsgericht Gehör zu finden, den Einwand der Unzulässigkeit des schiedsgerichtlichen Verfahrens schon vor dem Schiedsgericht hätte substantiiren müssen, Abstand genommen; es wird nur noch gefordert, daß der Beklagte dort, wenn er sich eingelassen hat, den Einwand „überhaupt geltend gemacht" hat. Der 4. Senat (in IV, 59/92, v. 7. März, Bolze 14, 635) läßt auch hinsichtlich dieses Erfordernisses Zweifel erkennen („möchte es daher auch richtig sein" u. s. w.). Vgl. neuestens I, 443/98 v. 8. Februar 1899, Entsch. 43, S. 407 f.

Wenn auch auf dem im Vorstehenden bezeichneten Wege den erheblichsten Uebelständen entgegengetreten werden kann, so wäre es doch sehr erwünscht, wenn das Gesetz sich zum Begleiter auf einem Wege böte, auf dem auch den de re litigiosa abgeschlossenen Schiedsverträgen und den Vergleichen über rechtlich nicht anerkannte Verhältnisse begegnet werden könnte.

Vielleicht gelingt es Anderen, den Weg zu weisen und damit unser Recht von dem Vorwurf zu entlasten, daß es in Vergleich und Schiedsvertrag bequeme Mittel bietet, die zwingenden Vorschriften der Gesetze außer Kraft zu setzen.

FSC
www.fsc.org
MIX
Papier | Fördert
gute Waldnutzung
FSC® C083411

Kolibri 360 GmbH
Ferdinand-Jühlke-Straße 7
99095 Erfurt, Deutschland
produktsicherheit@kolibri360.de